Fotos:
Jost Schilgen

Text:
Hans-C. Hoffmann

© Sachbuchverlag Karin Mader
D-28879 Grasberg

Grasberg 1999

Bildnachweis:
Titel rechts unten: Deutsche Luftbild

Seite 12: Christoph Wendt
Seite 36: Nürburgring GmbH

Übersetzungen:
Englisch: Michael Meadows
Französisch: Mireille Patel

Printed in Germany

ISBN 3-921957-66-4

In dieser Serie sind erschienen:

Titelbild:
Blick von Hohe Acht · Altenahr · Tor in Bad Münstereifel
Monschau · Kloster Steinfeld · Weinfelder-
und Schalkenmehrener Maar mit Schalkenmehren

as soll man mehr schätzen: Die Vielfalt der
ndschaft zwischen Mosel und Ahr und Arden-
rwald, den kulturellen Reichtum, dem man,
wohl das Land in der Geschichte arg gebeutelt
rde, doch überall noch begegnet oder, daß
eses schöne Land bisher noch so wenig von
uristen entdeckt wurde, so daß man wirklich
r sich auf Entdeckungsreisen gehen kann, falls
an nicht lieber Anschluß sucht an den bedeuten-
n Stätten unseres Landes wie Aachen, Trier,
aria Laach oder an einem so aufregenden
eignis wie dem Rennen auf dem Nürburgring.
eses Land bietet jedem, was er sucht.

hat should one appreciate more: the diversity
 the countryside between Mosel and Ahr and
rdenne Forest, the cultural wealth that one still
counters everywhere, although the region was
eatly exploited throughout history, or the fact
at this beautiful region has still only been dis-
vered by few tourists – which means that one
n really go exploring for oneself if one would
t rather take a closer look at some of the
portant sites and towns of our region, such as
achen, Trier, Maria Laach or at an exciting
ent such as a car race at Nürburgring.
is region offers everyone what he is looking for.

ue doit-on apprécier le plus? La diversité des
ysages entre la Moselle et l'Ahr et les forêts de
rdenne, la richesse culturelle partout présente,
en que le pays ait été durement éprouvé au
urs de l'histoire ou le fait que cette belle région
été relativement épargnée du tourisme de
rte qu'on peut encore y partir en voyage de
couverte à moins qu'on préfère se rendre dans
s lieux célèbres de notre pays, Aix-la-Chapelle,
èves, Maria Laach ou assister à l'évènement si
citant des courses sur le Nürburgring.
 pays offre à chacun ce qu'il cherche.

e Eifel, Holzschnitt
s dem sechzehnten Jahrhundert

Aachen, die Grenzstadt

Aachen, die deutsch-belgische Grenzstadt, war römisches Bad, karolingische Pfalz, Krönungs- und Reichsstadt, Textil- und immer ein Industriezentrum. Sie ist heute ein bekanntes Bad mit einer traditionsreichen Spielbank, eine Hochschulstadt mit internationalem Ruf und die deutsche Europastadt, das deutsche Straßburg.

Aachen, situated on the German-Belgian border, was a Roman spa, Carolingian Palatinate, coronation and imperial city, textile and always an industrial center. Today it is still a well-known spa with a casino rich in tradition, it is a university town with an international reputation and Germany's European city, the German Strasbourg.

Aix-la-Chapelle, la ville à la frontière de la Belgique et de l'Allemagne, fut autrefois un bain romain, un palais impérial carolingien, une ville libre impériale et le lieu de couronnement de l'empereur, un centre de l'industrie textile et autres. De nos jours c'est encore une ville balnéaire connue avec un casino riche de traditions, une ville dont les grandes écoles ont une réputation internationale, c'est la ville européenne d'Allemagne, le Strasbourg allemand.

er Dom, ältester Großbau der deutschen eschichte, erbaut vor 800, erweitert um einen r schönsten Chöre der Hochgotik und ausge- attet mit Kunstwerken von unermeßlichem ert und unvergleichbarer Schönheit und das athaus, das in seinem Kern auf den Saalbau aiser Karls des Großen zurückgeht, bilden das erz dieser stimmungsvollen, so ungemein mpathischen, heiteren Stadt.

The cathedral, oldest large edifice in German history, built before 800, enlarged with one of the most beautiful choirs of the High Gothic period and furnished with works of art having immeasurable value and incomparable beauty, and the Town Hall, whose core structure dates back to the hall structure of Emperor Charlemagne, form the heart of this uncommonly pleasant, cheerful city with its unique atmosphere.

La cathédrale, le plus ancien grand édifice de l'histoire allemande, fut bâtie avant 800. Elle fut agrandie d'un chœur qui est l'un des plus beaux de la période gothique et décorée d'œuvres d'art dont la valeur est incalculable et la beauté incomparable. Avec l'hôtel de ville qui se développa à partir de l'édifice construit par Charlemagne, la cathédrale constitue le cœur de cette ville si sympathique, si joviale, si pleine d'atmosphère.

Die Nordeifel und das Hohe Venn

Die Eifel macht nicht an Ländergrenzen halt. Das Hohe Venn, eine herbe Hochmoorlandschaft (600–700 m) mit seltener Fauna und Flora, im deutsch-belgischen Grenzgebiet, stellt eine der vielen Landschaftsformen dar, das Felsmassiv der Burg Nideggen aus dem 13. Jahrhundert eine andere.

The Eifel is not bounded by state borders. Hohe Venn, an austere moor region (600–700 m) with rare fauna and flora close to the German-Belgian border, represents one of the many types of landscape, the rock massif of the 13th century Nideggen Castle represents another.

L'Eifel ne s'arrête pas aux frontières des pays. L Hohe Venn, un paysage sévère de marécage (600–700 m) avec une faune et une flore rares, la frontière belge, représente l'une des nombreuses formes de paysages de cette région. Le massif rocheux sur lequel se dresse le château Nideggen du 13e siècle en est une autre.

n Freizeitparadies bildet die Seenplatte im
onschauer Land mit den großen Stauseen, von
nen der Rurstausee (im Bild oben) das größte
aubecken in Deutschland ist. – Gleich benach-
rt liegt der Luftkurort Heimbach mit der
ederaufgebauten Burg, einer sehenswerten
rche und Urlaubsangeboten, die jedem Gast
s Seine zu bieten vermögen.

The Eifel lake lowland with the large reservoirs,
of which Rur Reservoir (in the picture above) is
the biggest in Germany, offers a recreational
paradise. Directly adjacent to it is the health
resort of Heimbach with its rebuilt castle, a
church worth seeing and vacation opportunities
that offer every guest something to his liking.

C'est un lieu de récréation paradisiaque que la
Eifeler Seenplatte avec ses grands lacs artifi-
ciels. Le Rurstausee (photo ci-dessus) est le
plus grand lac artificiel d'Allemagne. Tout près
de là se trouve la station climatique de Heimbach avec sa forteresse reconstruite et une
église remarquable. C'est un lieu pouvant plaire
à tous les vacanciers.

s alte Tuchmacherstädtchen Monschau an der
r ist so etwas wie die Hauptstadt der Eifel, mit
llischen Fachwerk- und hochnoblen Patrizier-
usern (Bild oben).

ifferscheid (Bild links) ist eine der vielen
lerisch auf den runden Kuppen gelegenen
rg- und Ortsanlagen, die schon Künstler und
isende begeistert haben.

The little old cloth-worker town of Monschau on
the Rur is something like the capital of the Eifel
region, with idyllic half-timbered and elegant
patrician houses (picture above).

Reifferscheid (picture on left) is one of the many
picturesque castle and village grounds situated on
the rounded hilltops that have inspired artists and
travelers alike.

La vieille ville de tissage de Monschau sur la
Rur est en quelque sorte la capitale de l'Eifel
avec ses nobles maisons patriciennes aux
idylliques colombages (photo ci-dessus).

Reifferscheid (photo à gauche) est l'une des
nombreuses places fortes situées de façon si
pittoresque sur les sommets arrondis des
montagnes qui ont fait la joie de bien des
artistes et des voyageurs.

Typisch für das Monschauer Land sind die haushohen Rotbuchenhecken, die die Fachwerkhäuser vor Wind und Wetter schützen. Hier findet man auch weite Wildnarzissenfelder, die die Wiesen im Frühjahr in einem gelben Teppich verwandeln.

The beech hedges as high as a house, protecting the half-timbered houses against wind and weather, are typical for the Monschau region. Here one can also find expansive narcissus fields that turn the meadows into a yellow carpet in spring.

Les haies de hêtres rouges qui s'élèvent à la hauteur des maisons et protègent les bâtisses colombages du mauvais temps sont typiques pays de Monschau. L'on y trouve aussi de vas champs de narcisses sauvages qui, chaque année, au printemps, transforment les prairie en tapis jaune.

Der Luftkurort Schleiden, umgeben von Hochwald, besitzt eine Burg aus dem 12. Jahrhundert und eine spätgotische Kirche, die einstige Schloßkirche, mit bedeutenden Glasfenstern von 1535.

The health resort of Schleiden, surrounded by forest, has a castle dating from the 12th century and a late Gothic church, formerly the palace church, with glass windows of significance dating from 1535.

La station climatique de Schleiden, entourée de hautes forêts, possède un château fort du 12e siècle et une église datant de la fin de la période gothique, ancienne chapelle du château. Ses remarquables vitraux sont de 1535.

loster Steinfeld bei Schleiden, gegründet 1121,
t heute ein Salvatorianer-Kolleg. Inmitten der
lostergebäude des 17. und 18. Jahrhunderts
eht die mächtige dreischiffige romanische
feilerbasilika, deren Inneres von Romanik,
otik und Barock geprägt ist.

Steinfeld Monastery near Schleiden, founded in
1121, is today a Salvatorian College. The mighty
three-nave Romanic buttressed basilica, whose
interior is characterized by Romanic, Gothic and
Baroque influences, stands in the center of the
monastery buildings of the 17th and 18th centuries.

Le monastère de Steinfeld près de Schleiden,
fondé en 1121 est aujourd'hui un collège de
Salvatoriens. Les bâtiments du cloître des 17 et
18e siècles se goupent autour de la puissante
église romane à trois nefs. L'intérieur est à la
fois roman gothique et baroque.

Die aus einer Burg hervorgegangene Stadt Hillesheim gehörte über Jahrhunderte zum Erzbistum Trier. Ihre Bedeutung dokumentieren die Reste der mittelalterlichen Stadtmauer. Blankenheim bietet nicht nur eine Fülle schöner Fachwerkhäuser, Stadttore und eine Burg – hier entspringt auch die Quelle der Ahr.

The city of Hillesheim, which grew out of a castle, belonged to the archbishopric of Trier for centuries. The remains of the medieval city wall document its significance.
Blankenheim not only offers a wealth of lovely half-timbered houses, city gates and a castle – this is also the source of the Ahr.

La ville d'Hillesheim qui se développa autour d'une forteresse, faisait partie de l'archevêché d Trèves. Les vestiges des remparts témoignent d son importance au Moyen Age.
Blankenheim offre une profusion de belles maisons à colombages, des portes de ville ainsi qu'une forteresse. L'Ahr, de plus, y prend sa source.

Hier begegnen sich die Jahrtausende: Nahe Mechernich, bei Vussem, stehen die Reste des römischen Aquädukts, der einst zur Wasserversorgung von Köln gehörte, und hier findet man auch den Weg zu der schon in der Eiszeit bewohnten Kakushöhle, während auf dem

The millenia encounter one another here: Near Mechernich, close to Vussem, are the remains of the Roman aqueduct which once provided water to Cologne, and here one can also find the path leading to the Kakus Cave, which served as a home for cave dwellers as early as during the Ice

Ici se rencontrent les millénaires. Dans les environs de Mechernich, près de Vussem, se dressent les vestiges de l'aqueduc romain qui servait à amener l'eau à la ville de Cologne. D'ici l'on peut se rendre à la grotte de Kakus déjà habitée aux temps préhistoriques,

ffelsberg bei Bad Münstereifel eines der
esigen Radioteleskope als Horchposten in das
eltall errichtet wurde. Die Stadt Münstereifel
sitzt außerdem eine große Fülle schönster
enkmäler und Kunstwerke aus einer fast 1200-
ärigen Geschichte.

Age, while one of the giant radio-telescopes was
set up on Effelsberg near Bad Münstereifel as a
listening post into space. The town of Münstereifel also possesses a great abundance of beautiful
monuments and works of art from an almost
1200-year-old history.

tandis que sur le Effelsberg, près de Bad
Münstereifel, l'on a érigé un radiotéléscope
géant pour tenter d'arracher à l'univers ses
secrets. En outre la ville de Bad Münstereifel
possède un grand nombre de très beaux
monuments et œuvres d'art, témoignages d'une
histoire vieille de plus de 1200 ans.

Sehens- und erlebenswert ist die aus Bruchstein erbaute Wasserburg Satzvey mit Torhaus aus dem 15. Jahrhundert, wenn sie im Sommer zu „Ritterspielen" einlädt.

Satzvey, a castle surrounded by water that was built of undressed stone with a gatehouse dating from the 15th century, is especially worth seeing in the summer when it invites visitors to the jousting tournaments with the "knights of old".

Le castel d'eau de Satzvey, construit en moellons et doté d'un portail du 15e siècle, mérite une visite, surtout en été, à l'occasion des «tournois».

enige Kilometer südlich von Euskirchen liegt s Rheinische Freilichtmuseum Kommern. Es gt mit über 80 Gebäuden die Vielfalt der ver- iedenen Häuser, Höfe und Mühlen aus dem einland mit ihren Bauerngärten, mit alten tzpflanzen bewirtschafteten Äckern, Obst- esen, Waldzonen und Haustieren. Die größte

The Rheinische Freilichtmuseum (open-air mu- seum) Kommern is located a few kilometers south of Euskirchen. With over 80 buildings it displays the variety of the various houses, farms and mills from Rhineland with their farmer's gardens, fields on which old crops are grown, orchards, forest zones and pets. The

Le musée en plein air de Kommern est situé à quelques kilomètres au sud d'Euskirchen. Il comprend plus de 80 édifices qui montrent la diversité des maisons, des fermes et des mou- lins en pays rhénan. Ils sont entourés de jardins, de cultures d'anciennes plantes utiles, de ver- gers, de bois et d'animaux domestiques. Le

ippe der Häuser kommt aus der Eifel. Je
h Wetterlage werden die Mühlen in Betrieb
etzt und beim Brotbacken, Besenbinden,
rbflechten, Schreinern, Spinnen und Weben
sucht man den Besuchern Handwerk und
rtschaft nahe zu bringen.

largest group of buildings comes from the Eifel
region. Depending on the weather, the mills are
set into operation and visitors are given an idea
of the craft trades and working community of
that time by watching bakers, broom-makers,
basket-makers, cabinet-makers as well as how
spinning and weaving were carried out.

groupe de maisons le plus important vient de
l'Eifel. Lorsque le temps s'y prête on fait mar-
cher les moulins et les visiteurs peuvent se
familiariser avec l'artisanat et l'économie de
jadis: cuisson du pain, fabrication des balais,
tressage des paniers, travail du bois, filage,
tissage.

ordeifel und Ahrtal

d Münstereifel ist eines der zahlreichen schön
altenen Stadtbilder, denen man als Reisender
r begegnet. Eine solche Partie an der Erft mit
er so malerisch gestalteten Brücke trägt fast
sich schon zur Gesundung der Kurgäste bei,
sich in dem Kneippbad mit seinen langen
nderwegen gern aufhalten.

Bad Münstereifel is one of the numerous beauti-
fully preserved towns that travelers encounter
here. Such a spot on the Erft with a picturesquely
designed bridge almost contributes to the
convalescence of the spa guests in itself – the
latter enjoy spending time in the Kneipp spa with
its long hiking paths.

Bad Münstereifel est l'une des nombreuses
villes si pittoresques qui s'offrent à la vue du
voyageur. Un tel endroit sur l'Erft, auprès d'un
pont si romantique, contribue déjà pour beaucoup à la guérison des curistes qui séjournent
volontiers à la station balnéaire. Ils y trouvent
aussi de longs chemins de randonnées.

Die ehemalige Benediktiner-Stiftskirche
St. Chrysanthus und Darian, heute katholische
Pfarrkirche, entstand um 830 als Kloster. Zu
der sehenswerten Ausstattung gehört auch der
in der Krypta befindliche Grabraum, der in
einem vergoldeten Holzschrein die Gebeine der
hl. Chrysanthus und Darian birgt.

The former Benedictine collegiate church of
St. Chrysanthus and Darian, today a Catholic
parish church, was built as a monastery around
830. The furnishings worth seeing include the
tomb in the crypt, which contains the mortal
remains of St. Chrysanthus and Darian in a
gilded wooden shrine.

L'ancienne église collégiale bénédictine St.
Chrysanthus et Darian – à présent église parois-
siale catholique – fut construite en 830.
L'aménagement intérieur est remarquable, la
crypte funéraire en particulier. Elle abrite un
reliquaire de bois doré contenant les ossements
des saints Chrysanthus et Darian.

d Neuenahr-Ahrweiler – im Bild dargestellt
 Altstadt von Ahrweiler – ist ebenso bekannt
 deutsche Rotweinstätte wie als Kurort, dessen
rudel seit über 100 Jahren dafür sorgt, daß
d um die Jahreszeiten hier immer reges Leben
rrscht.

d Neuenahr-Ahrweiler – in the picture you can
 the Old Town of Ahrweiler – is just as famous
a spa as it is well-known as a German red wine
ion and its mineral water has ensured for over
 years that bustling activity prevails here
oughout the whole year.

Bad Neuenahr-Ahrweiler – dans la photo le
vieux centre ville de Ahrweiler – est aussi
connue comme ville allemande du vin rouge
que comme ville d'eau. Depuis plus de cent ans,
sa source thermale fait que, toute l'année,
règne ici une grande activité.

...alporzheim an der Ahr ist neben Ahrweiler der ...lleicht bekannteste Weinort des deutschen ...rgund. Auf dem vulkanischen Boden und in ...r prallen Sonne wächst ein Wein, der es mit ...nchem Gewächs aus Frankreich aufnehmen ...nn. Das haben sicher viele, viele Gäste des seit ...46 bezeugten Gasthaus „Sankt Peter" erfahren.

Walporzheim on the Ahr is, in additon to Ahrweiler, perhaps the best known German Burgundy wine town. The wine grown here on volcanic soil and in the bright sun can compete with many a grape from France. This has certainly been discovered by many, many guests of the "Sankt Peter" Inn, dating from 1246.

Les vignobles de Walporzheim sur l'Ahr produisent, après ceux d'Ahrweiler, le bourgogne allemand le plus connu. Le sol volcanique et le soleil éclatant font que ce vin peut rivaliser avec beaucoup de crus français. C'est ce que de nombreuses générations de clients de l'hôtellerie «Sankt Peter» (fondée en 1246) ont pu vérifier.

Hohe Eifel

Schloß Bürresheim (links) und Maria Laach (oben) sind zwei beliebte Ziele für Eifelwande-er. Das Schloß, seit 1157 nachgewiesen, verfallen nd wieder erneuert, ist heute ein Museums-chloß.
Maria Laach, an einem der Eifelmaare gelegen, t dagegen eine der reifsten Schöpfungen eutscher Romanik und noch heute ein leben-iges Benediktinerkloster.

Schloss Bürresheim (on left) and Maria Laach (above) are two popular excursion points for Eifel hikers. The castle, which has been traced back to the year 1157, fell into decay and was restored again, is today a museum castle.
Maria Laach, situated on one of the Eifel "Maars", is, in contrast, one of the most mature creations of the German Romanic period and is still today a lively Benedictine monastery.

Le château de Bürresheim (à gauche) et Maria Laach (ci-dessus) sont deux buts d'excursion favoris des promeneurs de l'Eifel. Le château dont l'existence est attestée depuis 1157, tombé en ruines et reconstruit, sert aujourd'hui de musée. – Maria Laach, située sur l'une des «Maare» de l'Eifel, est l'une des plus anciennes constructions romanes d'Allemagne et c'est encore aujourd'hui un monastère bénédictin bien en vie.

Wahrzeichen der Stadt Mayen, einem der wirtschaftlichen Zentren der Eifel, ist der Turm der im 14. Jahrhundert erbauten Clemenskirche mit der spiralförmig verdrehten Spitze. – Vom mittelalterlichen Stadtbild zeugen bis heute unter anderem noch zwei Toranlagen und die vieltürmige Genovevaburg.

The tower of the 14th century Clemens Church with its spiral-shaped, twisted top is a landmark of the town of Mayen, one of the economic centers of the Eifel region. The medieval picture of the town is kept alive today by, among other things, two gate complexes and the multi-tower Genoveva Castle.

Emblème de la ville de Mayen, l'un des centres commerciaux de l'Eifel: le clocher de la Clemenskirche, datant du 14e siècle, avec la pointe en forme de spirale. De la vieille ville médiévale demeurent encore aujourd'hui deux portes fortifiées et la forteresse de Genoveva à quatre tours.

ie Genovevaburg, seit dem 13. Jahrhundert
ezeugt, birgt heute das Eifelmuseum, das mit
inen geologischen und vor- und frühgeschicht-
:hen Abteilungen uns nicht nur einen Blick in
e älteste Vergangenheit der Eifel tun läßt,
ndern auch in die Alt-Eifeler Wohn- und
andwerkerstuben, die es ebenfalls zeigt (Bild).

Genoveva Castle, traced back to the 13th century, today contains the Eifel Museum, which
with its geological, prehistorical and early
historical departments not only provides a view
into the distant past of the Eifel but also into the
old Eifel living and craftsmen's rooms which are
displayed as well (picture).

La forteresse de Genoveva, attestée depuis le
13e siècle, abrite aujourd'hui le Musée de
l'Eifel. Avec ses départements de géologie, de
préhistoire et d'histoire ancienne il nous permet
de jeter un coup d'œil dans le passé le plus
reculé de l'Eifel. Il illustre également l'habitat
et le travail des artisans dans l'Eifel ancien.

Die Hohe Acht ist mit 746 Meter der höchste Berg der Eifel, von dessen Aussichtsturm man einen herrlichen Blick über das Land hat (Bild rechts). Zu Füßen dieses Berges liegt Adenau, ein ehemals kurkölnischer Amtssitz, von dessen langer Geschichte noch das schöne Fachwerkensemble am Markt Zeugnis gibt.

Hohe Acht with an elevation of 746 m is the highest mountain in the Eifel region; from its observation tower one has a marvelous view over the countryside (picture on right). At the foot of this mountain lies Adenau, a former "Kurköln" seat of government – the beautiful group of half-timbered houses at the Market still bears testimony to its long history.

La Hohe Acht est, avec ses 746 m, la plus haute montagne de l'Eifel. De sa tour panoramique l'on a une vue magnifique sur la région (photo à droite). Au pied de ce mont se trouve Adenau, ancien siège administratif de la ville de Cologne. Le bel ensemble de maisons à colombages de la place du marché témoigne de sa longue histoire.

Der Nürburgring ist einer der bekanntesten Orte der Eifel. Seinen Namen verdankt die in diesem Jahrhundert erbaute Rennstrecke einer seit dem 13. Jahrhundert nachweisbaren Höhenburg. –

Nürburgring is one of the most famous places in the Eifel region. It owes its fame to the race course, built in this century, of the 13th century Höhenburg Castle. Today the "Ring" is a mecca

Le Nürburgring est l'un des lieux les plus connus de l'Eifel. Sa piste de course construit en ce siècle doit son nom à une forteresse du 13e siècle. Le «Ring» est aujourd'hui la

er „Ring" ist heute das Mekka der Motorsport-
 und zählt mit seinen 174 Kurven, Steigungen
d Gefällen zu den schwierigsten Rennstrecken
erhaupt.

for motor-sport enthusiasts and with its 174
curves, uphill and downhill sections is one of the
most difficult race courses in the world.

«Mecque» des adeptes du sport automobile.
Avec ses 174 courbes, montées et descentes,
elle compte parmi les pistes de course les plus
difficiles du monde.

Malerisch gelegen – das Schlösschen in Oberehe aus dem 17. Jahrhundert.
Die Kasselburg bei Pelm ist eine der stattlichsten und besterhaltenen Eifelburgen. Eine besondere Attraktion ist der dazugehörige Adler- und Wolfspark.

Situated picturesquely, the small castle in Oberehe dating from the 17th century.
Kasselburg near Pelm is one of the most magnificent and best preserved castles in the Eifel region. A special attraction is the eagle and wolf park that is part of the grounds.

La situation du petit château d'Oberehe du 17 siècle est fort pittoresque.
Le château de Kasselburg, près de Pelm, est l'une des forteresses les plus imposantes et l mieux conservées de l'Eifel. Le parc de l'Aig et du Loup, qui en fait partie, constitue une attraction particulière.

Die Maare der Vulkaneifel, diese geologisch so seltenen und interessanten Vulkankrater, lassen sich am besten zu Fuß erkunden, um den besonderen Reiz dieser unterschiedlichen Landschaftscharaktere auf engem Raum bewußt zu erleben. Im Bild das Schalkenmehrener Maar

The maars of the volcanic Eifel region, these geologically rare and interesting volcanic craters, can best be explored on foot in order to experience the special charm of the varied types of landscape within this restricted area. In the picture: Schalkenmehrener Maar near Daun

Les «Maare» de l'Eifel volcanique, ces cratères si rares du point de vue géologique et si intéressants, doivent être explorés à pied. On peut ainsi mieux apprécier le charme particulier des différents paysages concentrés sur un espace restreint. Dans la photo le lac de Schalken-

i Daun und das sagenumwobene Kirchlein
s dem 14./18. Jahrhundert am waldreichen,
s Totenmaar bekanntem, Weinfelder Maar,
elches im Frühjahr, zur Ginsterblüte, besonders
izvoll ist.

and the legendary church from the 14th/18th
century at Weinfelder Maar, which is also
known as Totenmaar (Dead Maar), is surrounded by woods and is especially attractive in
spring when the broom is in blossom.

mehrener Maar près de Daun et la petite église
(14-18e siècle) autour de laquelle sont tissées
de nombreuses légendes, située près de Weinfelder Maar – aussi nommé Totenmaar. Ce lieu
est riche en forêts. Il est particulièrement
attrayant au printemps lorsque les genêts sont
en fleur.

Die Eifel ist ein ideales Wandergebiet zu jeder Jahreszeit. Die Natur bietet die vielfältigsten Möglichkeiten. Sei es an sprudelnden Bächen und Flüssen (hier die Kyll bei Pelm), an stillen Maaren oder den mehr oder weniger hoch gelegenen Wäldern, wie diesem Herbstwald in der

The Eifel region is an ideal area for hiking at all times of the year. The Nature there offers a wide variety of possibilities. Whether along bubbling brooks and rivers (here the Kyll near Pelm), at tranquil maars or in forests situated in more or less high-lying areas, such as this

L'Eifel est idéal pour faire des randonnées en toutes saisons. La nature offre des possibilités très variées: ruisseaux et rivières bouillonnant (comme ici près de Pelm), «Maare» paisibles, forêts situées plus ou moins haut comme cette forêt automnale de «l'Eifel crayeuse» où l'on

Kalkeifel, wo es noch viele Fossilienfunde gibt. Durch den Vulkanismus, der noch heute Kohlensäure aus dem Magma des Erdinneren freigibt, sprudeln über 400 Heil- und Mineralquellen in der Eifel, davon allein drei in Gerolstein.

autumn forest in the Kalkeifel region, where there are still many fossil finds. As a result of volcanic activity, which still releases carbonic acid from the magma inside the Earth, over 400 medicinal and mineral springs bubble out of the ground in the Eifel region, three alone in Gerolstein.

trouve encore beaucoup de fossiles. L'activité volcanique qui, encore de nos jours, libère du gaz carbonique du magma des profondeurs de la terre, fait jaillir plus de 400 sources thermales dans l'Eifel, dont trois à Gerolstein.

arbenprächtige Anblicke die keine Seltenheit
ind. Sei es das sommerliche Feuerwerk in
Daun oder das reiche Blumenarrangement in
chönecken. Rund ums Jahr lädt die Eifel zu
Carneval, Ritterspielen oder Fahrten mit der
Postkutsche, wo man vom ersten Grün des zei-
gen Frühjahrs, dem bunten Herbstwald und
veißer Winterpracht die Landschaft geruhsam
vie vor über 100 Jahren erleben kann.

Colorful views that are not unusual here.
Whether the summer fireworks in Daun or the
ch flower arrangement in Schönecken. The
Eifel region invites you to take part in Carnival,
ousting tournaments or rides on the mail coach
he whole year round – from the first green of
he early spring to the colorful autumn forests
nd the white carpet in winter – and leisurely
xperience the landscape as over 100 years ago.

es images riches en couleurs ne sont pas rares,
u'il s'agisse du feu d'artifice estival de Daun
u du riche arrangement floral de Schönecken.
out au long de l'année l'Eifel invite au car-
aval, à des tournois, à des voyages en voiture
e poste au cours desquels on peut découvrir en
oute tranquillité, comme au siècle dernier, ce
aysage aux aspects changeants, des premiers
euillages printaniers aux forêts automnales
ulticolores et à la blanche splendeur hivernale.

Sportliche Betätigung in vielen Möglichkeiten, zu allen Jahreszeiten, bietet Manderscheid. Romantisch ist ein Aufstieg zu den beiden Festen, die oberhalb von Manderscheid in einer dichtbewaldeten Berglandschaft liegen.

A wide variety of sportive activities at all times of the year is offered by Manderscheid. A romantic experience is the climb up to the two fortresses, situated above Manderscheid in a densely wooded mountainous landscape.

A Manderscheid on pratique toutes sortes de sports en toutes saisons. On peut faire aussi une excursion fort romantique aux deux forteresses qui dominent Manderscheid dans un paysage montagneux et boisé.

ine nicht alltägliche Attraktion bietet das kleine ifeldorf Brockscheid südlich von Daun: Dort bt es eine Glockengießerei, in der man das ntstehen einer Glocke vom Aufbau der Form s zum Guß kennenlernen kann.
nks im Bild: Die ehemalige Abteikirche von üm, ein bescheidener Abglanz einstiger Größe.

The small Eifel village of Brockscheid south of Daun offers a more than everyday attraction, too: There is a bell-casting foundry there in which one can become acquainted with the making of a bell from setting up the mold to the cast.
Picture on the left: The former abbey church of Prüm, a modest reflection of its former significance.

Le petit village de Brockscheid, au sud de Daun, offre une rare attraction: on y trouve une fonderie de cloches dans laquelle on peut suivre tous les procédés de fabrication, de la construction de la forme à la fonte de la cloche.
Photo à gauche: l'ancienne église de l'abbaye de Prüm, modeste témoin de sa grandeur passée.

Oberhalb von Kyllburg, das schon auf dem Weg nach Trier liegt, erhebt sich auf schroff abfallendem Bergkegel das Schloß Malberg, das nach einem Umbau im 18. Jahrhundert schöne Ausstattungen jener Epoche besitzt. – Das Schloß ist heute ein Hotel und entsprechend zugänglich.

Above Kyllburg, situated on the way to Trier, "Malberg" Castle towers atop a precipitous peak; as a result of rebuilding work in the 18th century, it has beautiful furnishings of that period. Today the castle is a hotel and thus appropriately accessible.

Au-dessus de Kyllburg, sur le chemin de Trèves, se dresse sur un piton rocheux le château de Malberg. Il fut reconstruit au 18e siècle et possède un joli ameublement de cette époque. Il sert aujourd'hui d'hôtel et n'est accessible au public que de cette façon.

Sehenswert ist in Kyllburg auch das gut erhaltene Kollegiatstift aus dem 14. Jahrhundert mit Kapitelhaus, Kreuzgang (im Bild) und Glasgemälden, Chorgestühl und Triumphkreuz im Chor.

The well preserved collegiate church from the 14th century with chapter house, cloister (in the picture) as well as glass paintings, choir stalls and triumphal cross in the choir is also worth seeing.

A Kyllburg il ne faut pas manquer de voir aussi le monastère du 14e siècle très bien conservé. Les chapiteaux, le cloître (dans la photo), les peintures sur verre, les stalles du chœur et le crucifix d'apparat sont remarquables.

ur wenige Kilometer nördlich liegt das schöne isterzienserinnenkloster St. Thomas mit seiner omanischen Kirche (1222 geweiht) und einer ertvollen Ausstattung von Schnitz- und Stein-etzarbeiten.

Only a few kilometers to the north lies the lovely Cistercian convent of St. Thomas with its Romanesque church (consecrated in 1222) and a treasure of carving and stonemason work.

A quelques kilomètres au nord se trouve le beau couvent de cisterciennes de St. Thomas avec son église romane consacrée en 1222. Les sculptures de bois et de pierre qui l'ornent sont précieuses.

Die Südeifel

Bei Bitburg denkt man zunächst an Flugplätze und Luftverteidigung. Dabei besitzt die Stadt noch Reste ihrer mittelalterlichen Befestigung, ein barockes Schlößchen und eine Kirche mit guter alter Ausstattung. Berühmt ist Bitburg auch wegen seines Bieres, was sogar zur Aufstellung eines Bierbrunnens geführt hat – ob da wohl immer Bier fließt?

The name Bitburg first makes one think of airports and air defense. However, this city still possesses remains of its medieval fortifications, a baroque palace and a church with excellent old furnishings. Bitburg is also famous for its beer, which even led to the setting up of a beer fountain – does beer always flow there I wonder?

Bitburg évoque surtout des aéroports et la défense aérienne. Cependant la ville possède également des vestiges des remparts médiévaux un petit château baroque et une église dont la décoration intérieure est belle et ancienne. Bitburg est célèbre aussi à cause de sa bière, on y a même construit une fontaine de bière – quant à savoir si la bière y coule toujours …

Nicht weit von Bitburg, an den Ufern der Salm, liegt das im Mittelalter reich dotierte Kloster Himmerod, dessen sicher sehr bedeutende romanische Anlage 1735 abgebrochen wurde, um einem Neubau zu weichen, der bald wieder verfiel und erst in jüngster Zeit neu belebt wurde.

Not far from Bitburg, on the banks of the Salm, one finds Himmerod Monastery, which was richly endowed during the Middle Ages; its certainly very significant Romanic structures were knocked down in 1735 in order to make room for a new building that soon fell into decay and was not renovated until recently.

Non loin de Bitburg, sur les rives de la Salm, se trouve le monastère d'Himmerod, fort riche au Moyen Age. Le complexe de style roman qui était certainement très important fut démoli en 1735 pour faire place à une nouvelle construction qui tomba bientôt en ruine. La vie n'y reprit qu'il y a peu de temps.

Otrang, zwischen Kyllburg und Bitburg gelegen, wurde berühmt durch den Fund einer großen, verzweigten spätrömischen Villenanlage mit mehreren ornamental gestalteten Mosaikfußböden. – Viele Kleinfunde gerade dieser Villa befinden sich heute im Landesmuseum in Trier.

Otrang, situated between Kyllburg and Bitburg, became famous through the finding of a large, branched late Roman villa complex with several ornamentally designed mosaic floors. Many small finds of just this villa can be found today in the State Museum in Trier.

Otrang, situé entre Kyllburg et Bitburg devint célèbre après qu'on y découvrît une vaste villa de la fin de la période romaine avec plusieurs mosaïques ornementales. – Beaucoup d'objets trouvés au cours de l'excavation de cette villa sont aujourd'hui dans le Musée du Land de Trèves.

ier ist die Endstation einer Eifeltour von
chen gen Süden, wenn man sich auf die
utsche Seite beschränkt. Die Fülle der Kunst-
hätze und kunstvollen Bauten dieser Stadt, die
mal Hauptstadt des westlichen Rom, später
sidenz eines der bedeutenden Erzbischöfe des
stens war, füllen Bände und bieten dem
sucher immer neue Anregungen. – Im Bild:
e Porta Nigra (1. Jahrhundert n.Chr.)

Trier is the last stop of an Eifel tour from Aachen
towards the south if one limits oneself to the
German side. The abundance of art treasures and
artistic buildings of this city, once capital of the
western Roman Empire and later seat of one of
the important archbishops of the West, fills
volumes and always instills visitors with stimula-
tion and enthusiasm. In the picture: Porta Nigra
(1st century A.D.)

Trèves est la dernière étape d'un tour de l'Eifel
partant d'Aix-la-Chapelle et se dirigeant vers le
sud, si l'on se limite au côté allemand. La de-
scription des trésors d'art et bâtiments de cette
ville qui fut jadis capitale de la Rome de l'ouest
et plus tard résidence de l'un des évêques les
plus importants d'occident remplirait des volumes. Elle a tant à offrir aux visiteurs! – Dans la
photo: la Porta Nigra (1er siècle après J.C.).

Ein Blick über die Grenze

Schöne Partien der Eifel erstrecken sich jensei[
der Grenze im Luxemburgischen. Echternach,
berühmt ob seines einstigen Klosters, der
Basilika mit Malereien des 11. Jahrhunderts, (
Springprozession an Pfingsten und seinem
hübschen Stadtbild (im Bild das Rathaus), zie[
die Fremden ebenso an wie das stimmungsvoll[
gelegene Vianden (Bild rechts).

Beautiful sections of the Eifel region extend
across the border into Luxemburg. Echternac[
famous for its former monastery, the basilica w[
paintings of the 11th century, for the "Spring
Procession" on Whitsuntide and its lovely tow[
panorama (in the picture the Town Hall), attrac[
visitors just as romantically situated Vianden
does (picture on left).

De belles parties de l'Eifel s'étendent, au-delà [
la frontière, dans le Luxembourg. Echternach [
célèbre à cause de son ancien monastère, de s[
basilique aux peintures du XIe siècle, de sa
procession de la Pentecôte et du joli aspect
qu'offre la ville (dans la photo: l'hôtel de ville[
Vianden, à la situation si charmante attire aus[
beaucoup de visiteurs (photo à droite).

Die Eifel von Aachen bis Trier, von der Ahr bis zur Our ist ein Land, dessen landschaftliche Reize einen, hat man sich erst einmal auf Entdeckungsreise begeben, fesseln und in Erstaunen setzen. Es ist ein reiches Ferienland, reich an Eindrücken und Erlebnissen.

The Eifel from Aachen to Trier, from the Ahr to the Our is a region whose attractive landscape, once one has started exploring, captivates and astounds one and all. It is a rich vacationland, rich in impressions and experiences.

L'Eifel, d'Aix-la-Chapelle à Trèves, de l'Ahr l'Our est une région dont les paysages captive et surprennent lorsqu'on commence à les parcourir. Elle a beaucoup à offrir aux vaca ciers qui en reviendront riches d'impressions d'expériences excitantes.